AF261204

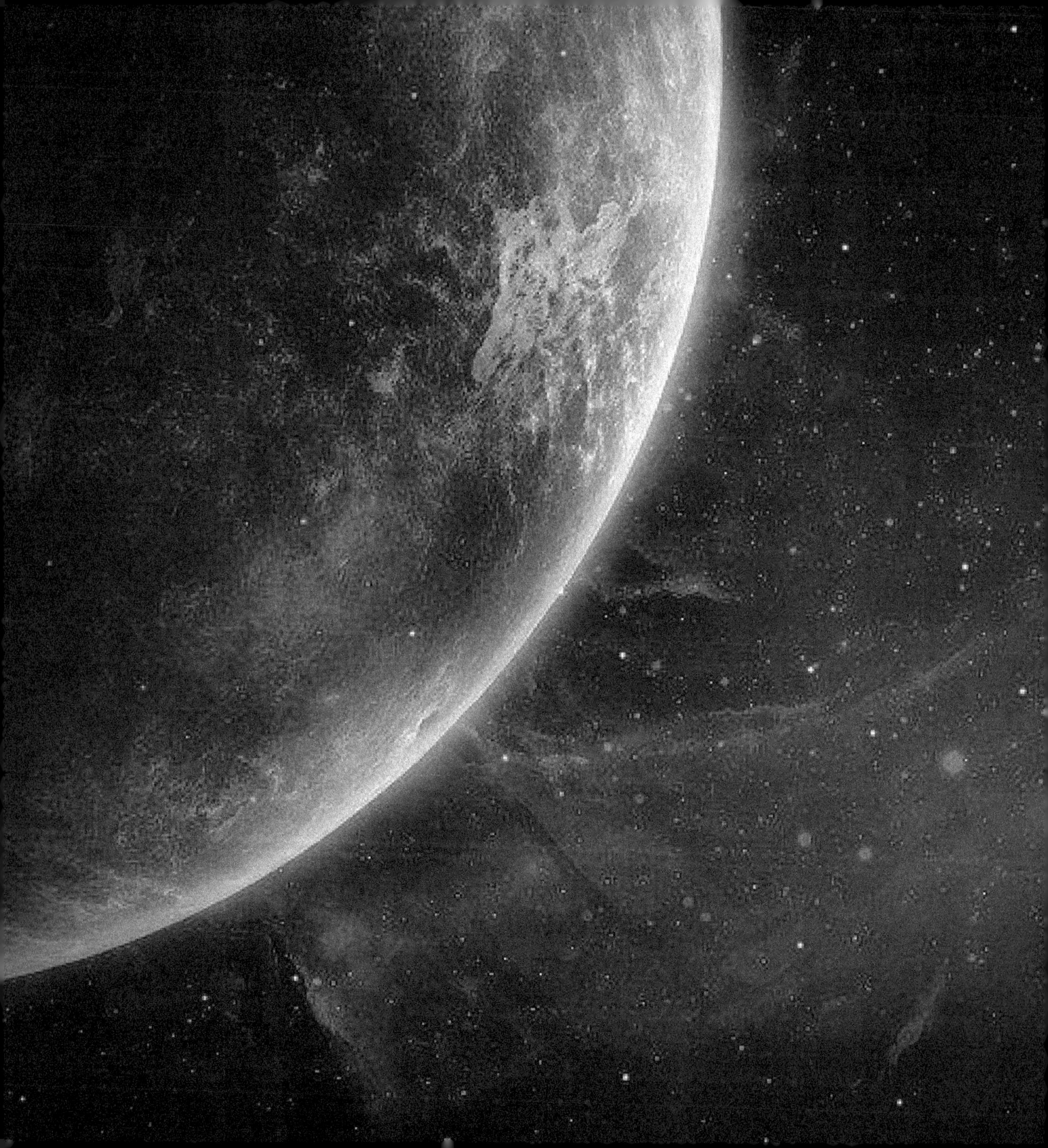

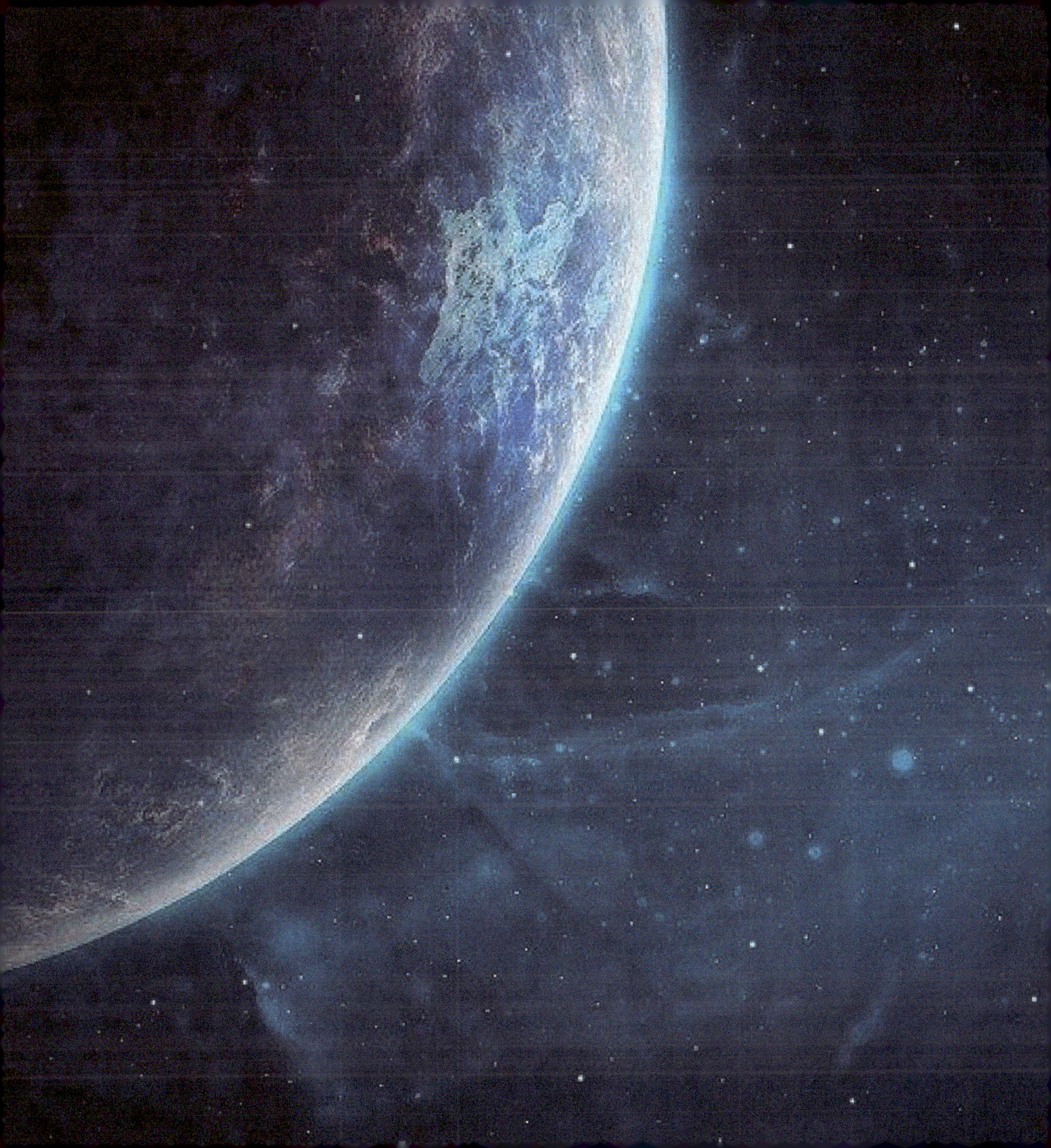

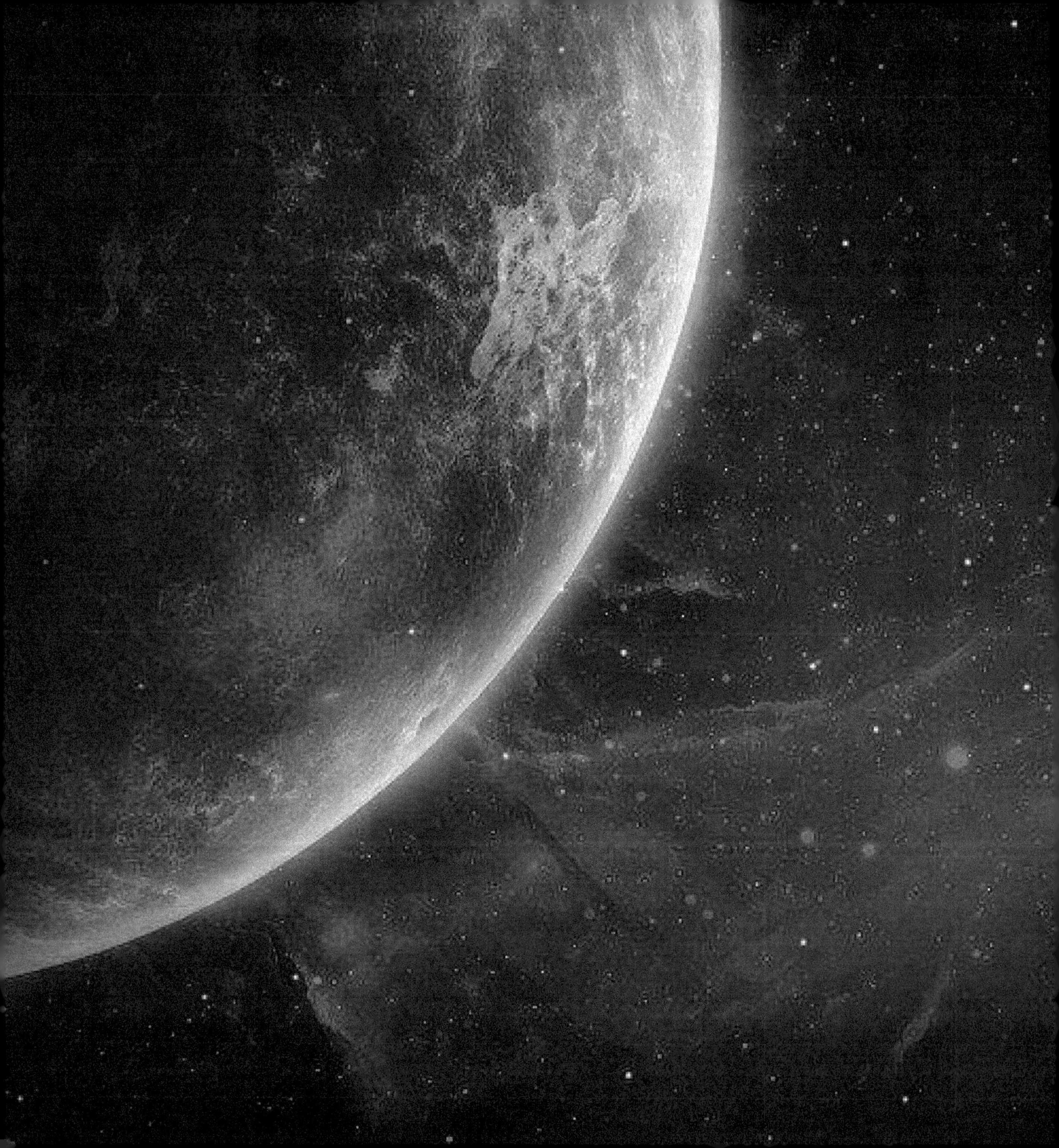

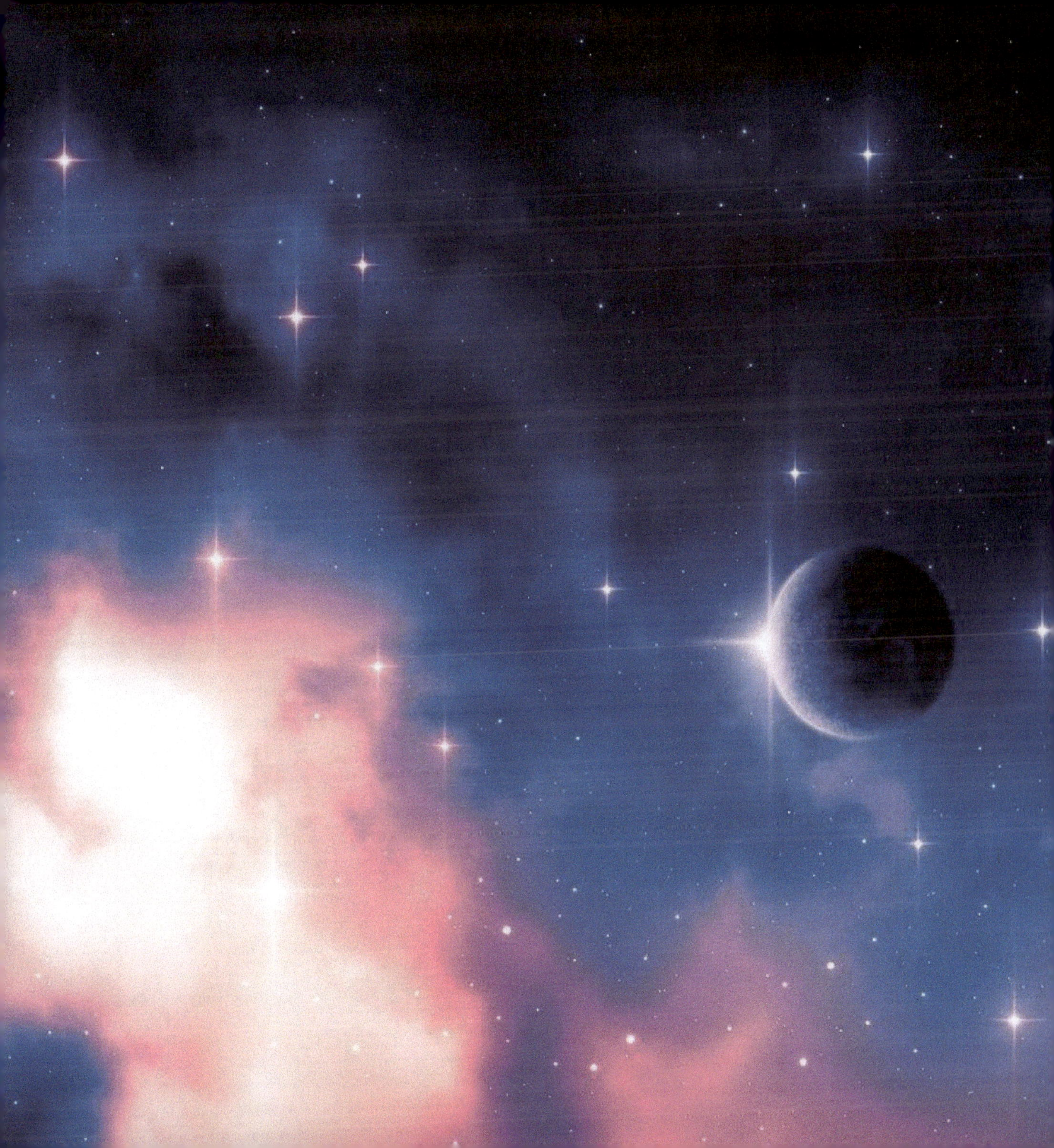

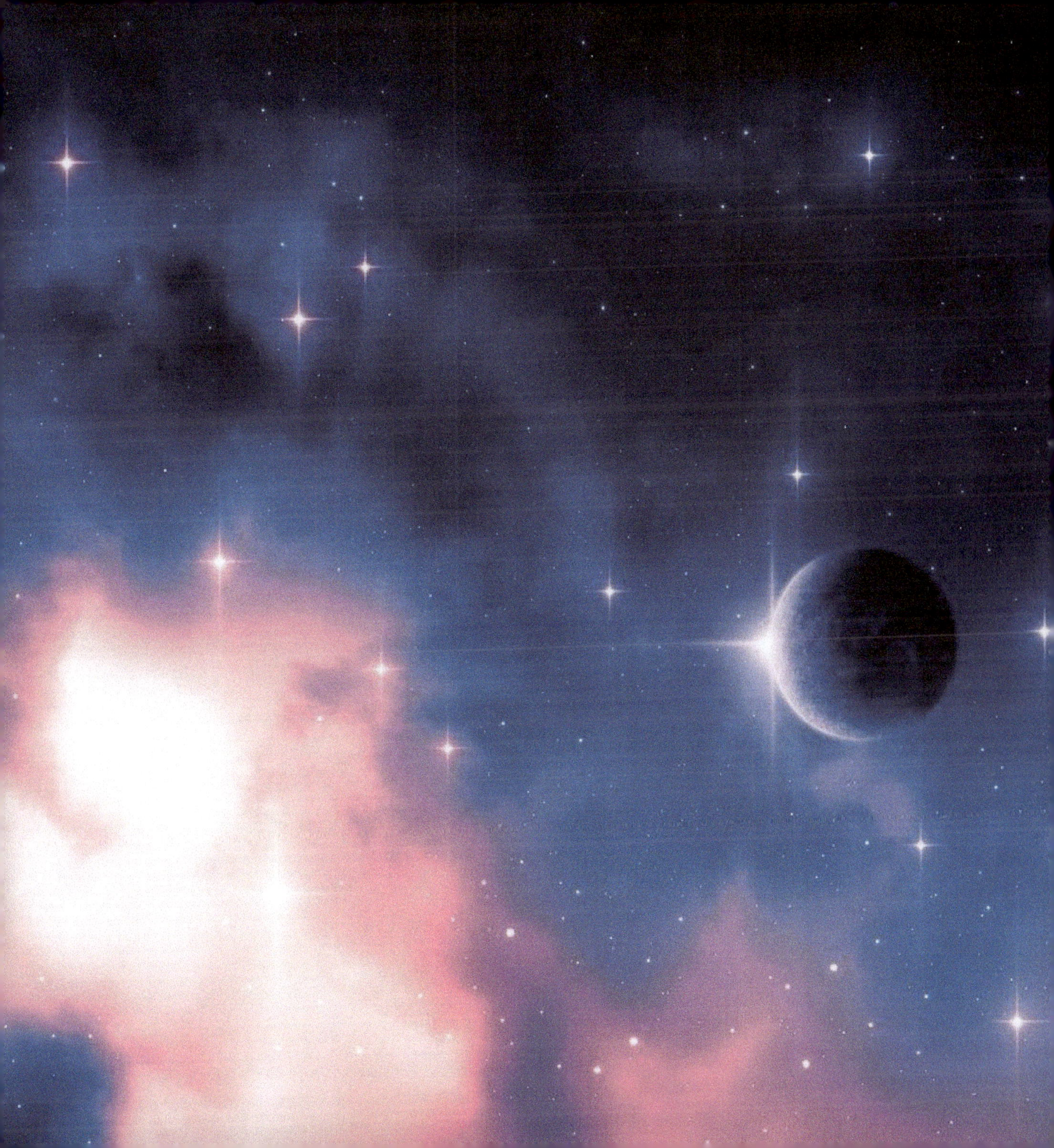

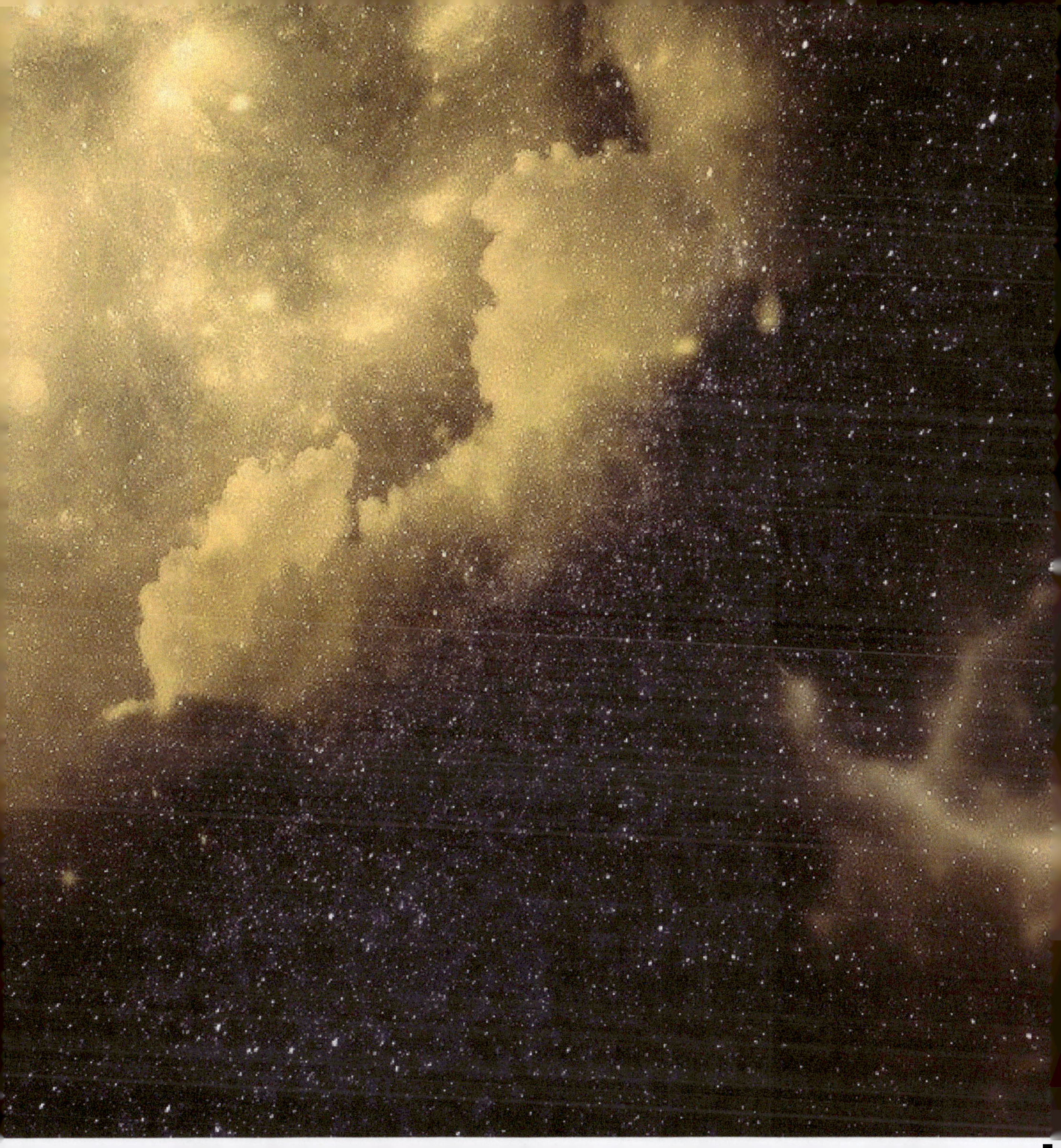

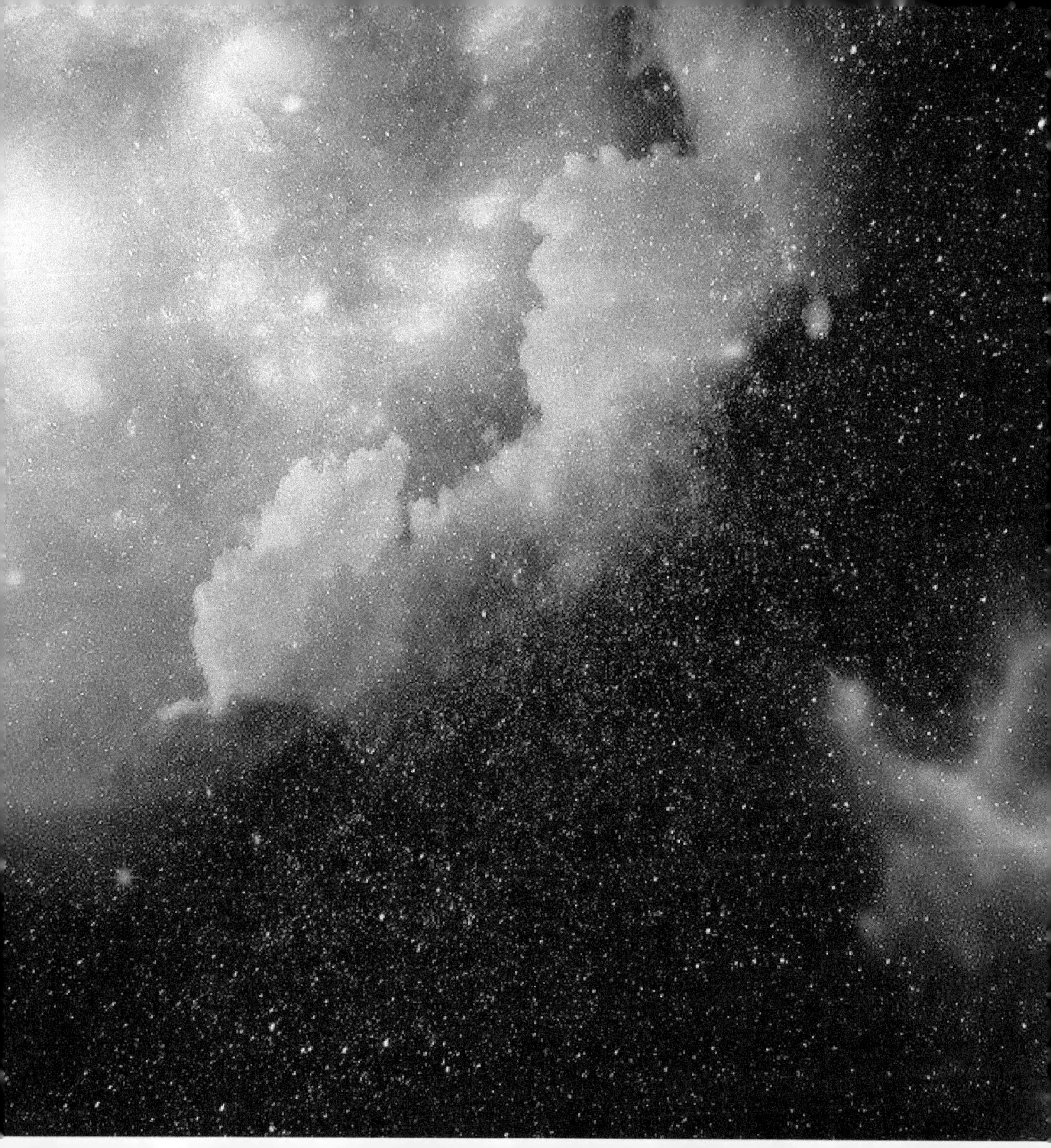

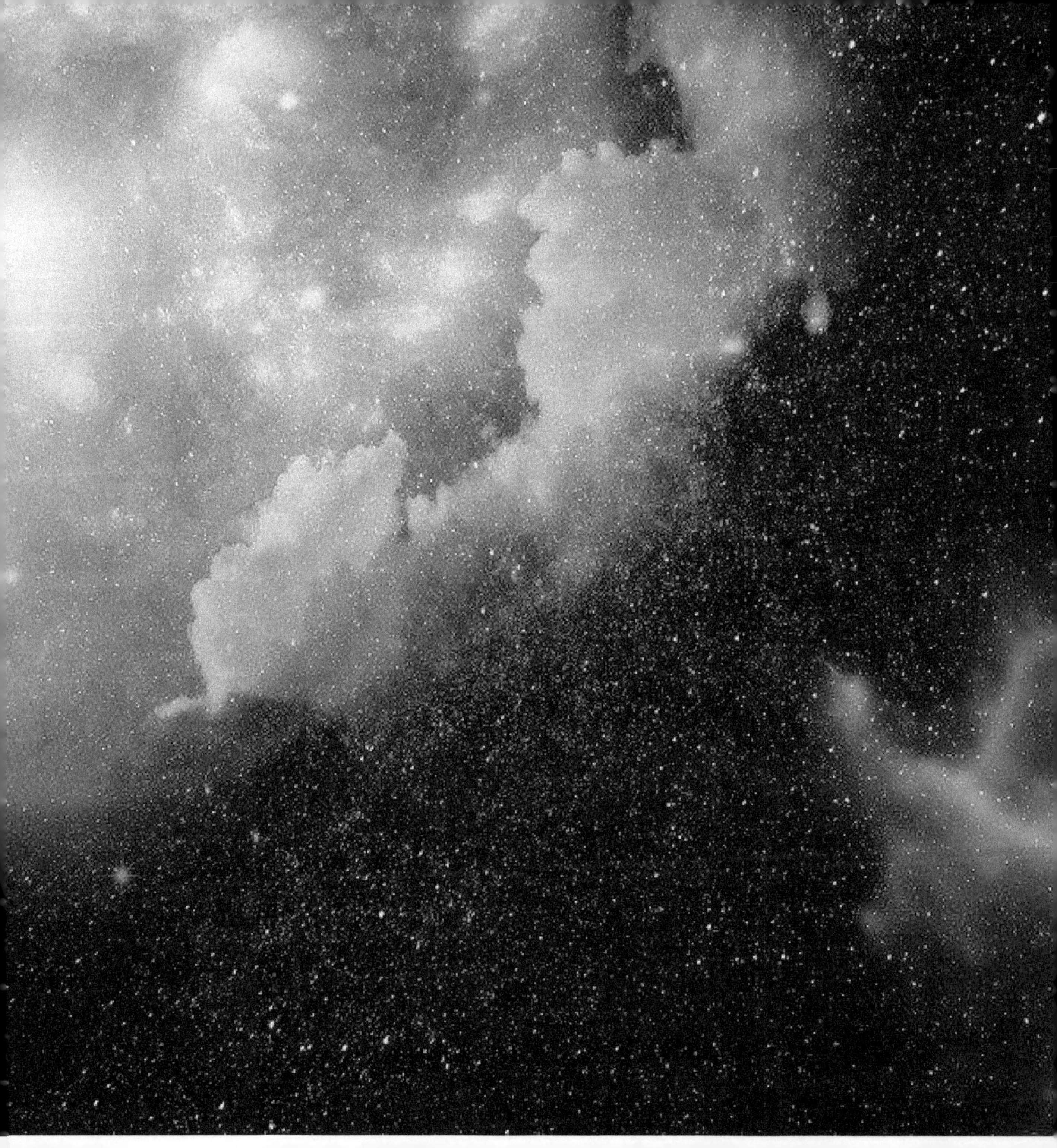

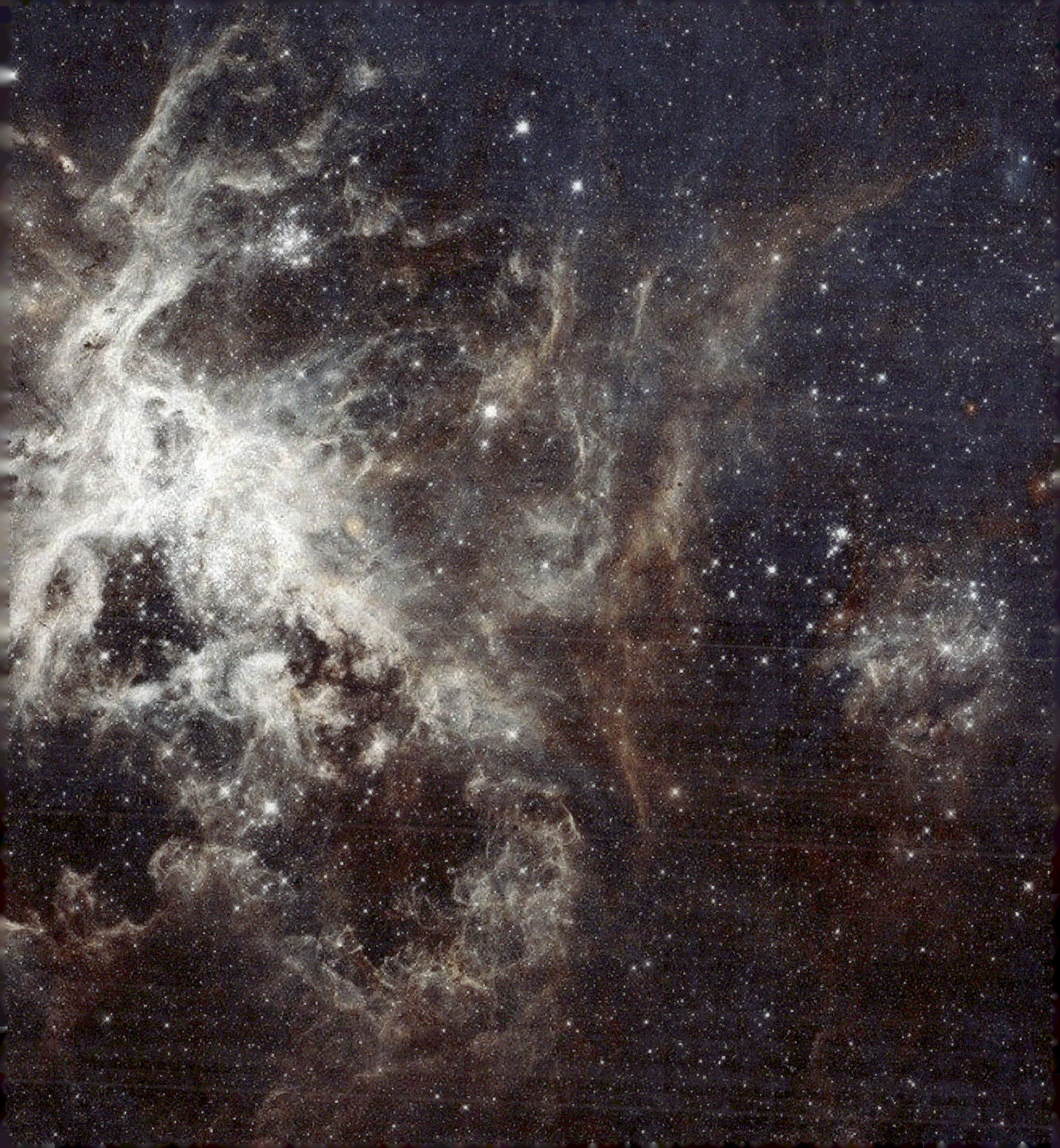

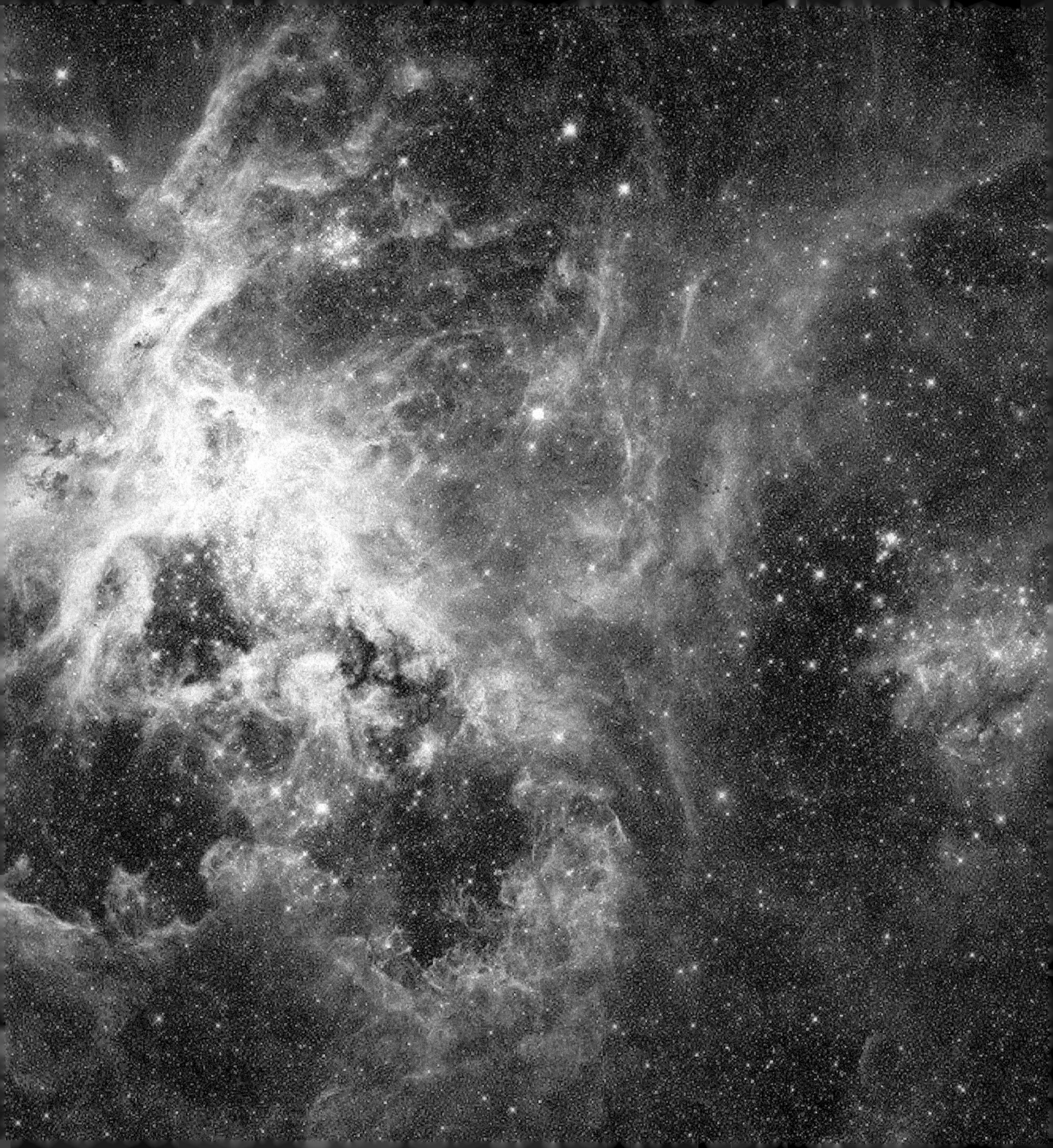

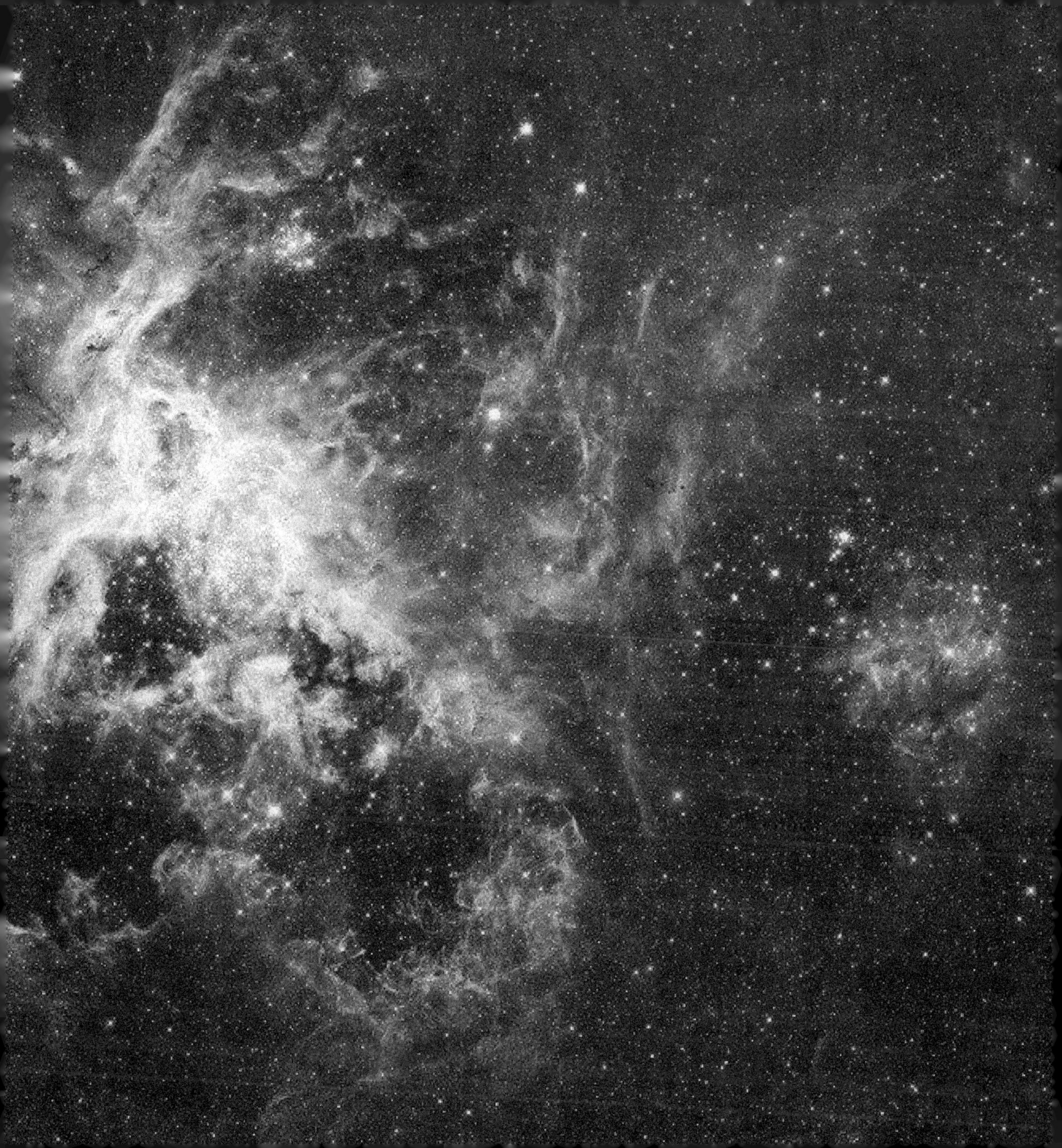